novum 🔺 pocket

AF197773

Fuad Muhammad Yusuf Ismail

Lobeshymnen auf
Hannover

novum ▲ pocket

Bibliografische Information
der Deutschen Nationalbibliothek:

Die Deutsche Nationalbibliothek
verzeichnet diese Publikation in der
Deutschen Nationalbibliografie.
Detaillierte bibliografische Daten
sind im Internet über
http://www.d-nb.de abrufbar.

Gedruckt in der Europäischen Union
auf umweltfreundlichem, chlor- und
säurefrei gebleichtem Papier.

© 2022 novum Verlag

ISBN 978-3-903382-59-6
Lektorat: Thomas Ladits
Umschlagfotos: Rvlsoft,
Sergey Dzyuba | Dreamstime.com
Umschlaggestaltung, Layout & Satz:
novum Verlag
Innenabbildungen:
S. 66, 27, 47, 14:
© Fuad Muhammad Yusuf Ismail
S. 56: © Igor Marx | Dreamstime.com
S. 7: © Igor Marx | Dreamstime.com
S. 39: © Jorisvo | Dreamstime.com

www.novumverlag.com

Climate neutral
Print product
ClimatePartner.com/16547-2201-1002

Für Naju und Elli Jara Enya

Die Expo – 2000

Gespannt
blickt die Welt
auf Hannover

zur ersten
Jahrtausendschau.

Vom Rhein,
von der Ems,
von der Oder,

ganz Deutschland
forciert den Bau.

Mit zahllosen Bauten
die Welt ist gefüllt.

Prägnant, ansehnlich, ragend,
riesig, teuer, imposant.

Aber die Expo-Zweitausend
bleibt dennoch ein Gigant.

Sie wächst dort im Süden
leise, fast unbemerkt.

Sie wird allerdings glänzen
als Mittelpunkt der Welt.

Es wird sicher sich lohnen,
die Mühe, die Emsigkeit,

sobald die Expo-Bauten
in Würde und Leichtigkeit

sich auf Kronsberg entfalten
in Gloria, Stolz und Pracht.

Mensch, Natur und Technik,
ein Motto und Themenpark.

Twipsy strahlt ohne Hektik,
sie macht sich dafür stark.

Bald thront Hannover
als Nabel dieser Welt.

Freut euch, ihr Bewohner,
wenn es von überall weht,

aus vielen Erdteilen
Menschen in Hannover weilen.

In der Welt-Expo-Stadt.

Die Herrenhäusergärten

Wenn das Reisefieber
mich in Hannover packt

und die Gefühle wieder
mich im Minutentakt

hoch empor aufwühlen,
wie Meereswellen bespülen,

ereilen mich die Gedanken,

die vor meinen Augen zeichnen
das Herrenhäusergärtenbild.

Paradiesisch, bunt und mild.

Die Herrenhäusergärten
mit Berggarten stehen

für zermürbte Seelen
und gestresste Nerven

als Erholungshort.

Mit Recht und Fug
kann ich sagen,
ich muss da nicht gebrauchen
weder Schiff noch Flug,
weder Bus noch Zug,
denn es ist mehr als genug
an sich das Verweilen dort.

Der Atem der Geschichte
ist zu spüren überall,

durchdringt alle Hecken,
umhüllt alle Ecken,
wie Rauch und Schall.

Flößt ein ins Gemüt
des Glückes große Flut.

Die Vielfalt der Ästhetik,
der verronnenen Zeit,

Entspannung, Ruhe
und Gemütlichkeit,

für Geist eine Nahrung,
für Seele Erholsamkeit

sowie eine Schärfung
müder Nachdenklichkeit.

Es blüht die Romantik
aus der Renaissance,

Barock und Rokoko,
des Glückes Quintessenz.

Belebende Brisen
für müde Seelen.

Wo Alltagssorgen
schnell zerfließen.

Wenn im Rosengarten
mit offenen Augen

und offenen Gefühlen
man das Schöne bestaunt,

nüchtern, nachdenkend, schauend,
still, fröhlich, gut gelaunt,

steigen empor die Gedanken
auf unsichtbaren Flügeln

in noch höhere Sphären
der Glückseligkeit.

In Herrenhäusergärten
entfalten sich die Welten
der Götterleidenschaften,

die Guten wie die Bösen,
gewaltig, aber menschlich,

die schnöden Eitelkeiten
in dieser Götterzwietracht.

Tragödien, Komödien,
Intrigen und Omen,

gewaltige Helden
und göttliche Taten

der strotzenden Macht.

Wenn Fontänen schießen
harmonisch Wasserstrahlen

und die Lichter funkeln
in warmen Sommernächten
wie zauberhafter Traum,

man findet bei Weitem
etwas Besseres kaum.

Die Leine

Hoch aus den Bergen
schwellen die Quellen an,

aus zahlreichen Ecken
fügen sich beherzt gemeinsam,

zusammen unaufhaltsam dann,
zum Leinestrome heran.

Das Wasser ist süß und sauber,
das aus den Wäldern gießt.

Es bahnt sich bedächtig sicher
den Weg, wo es munter fließt

in das wohl gemachte Leinebett.

Die traumhafte Landschaft,
durch die die Leine zieht,

fruchtbar, grün und märchenhaft
soweit das Auge sieht.

Keinem würden bleiben
die flauen Langeweilen

und die Alltagssorgen,
die die Gemüter quälen,

wenn der Eine zu ihr flieht.

Da kommt die Leine fühlsam.
Durch die Fluren kriecht

und strömt besonders achtsam,
wenn sie nach Hannover biegt.

Sobald sie sich Hannover nähert,
vorbei an Masch und Moor,

sie fragt nicht nach Einlass,
sie klopft nicht ans Tor.

Sie wird dennoch empfangen
in Würde und Respekt,

mit Decken, Brücken und Bauten,
nach Maß gepasst, perfekt.

Und wo man ihr nah begegnet,
mitten in der Stadt bewundert,

wie sie ziehend durch die City weiter,
vorbeibiegend am Leineschloss,

entledigt sie sich ihrer Kleider
und zeigt sich natürlich bloß.

Warum ist die Ihme neidisch
und liegt mit ihr im Streit?

Dort wo sie sich nähern reichlich,
erwacht des Kampfes Geist.

Obwohl die Lage beschaulich
an jenem beinahe Treffpunktort,

doch fließt die Ihme beharrlich
in andere Richtung fort.

Sie merkt es alsdann traurig,
dass sie verliert den Kampf,

windet sich endgültig eilig
und geht in die Leine auf.

Die Marktkirche

Sie türmt sich beherrschend
über dem alten Markt,

würdig, ehrfürchtig, einladend,
zierlich, warmherzig, sanft.

O! Ort müder Seelen.
Ruhe, Einkehr, Trost,

mitten im Trubel des Lebens
bleibst du ruhender Hort.

Die grauen Steine von außen
mögen veraltet sein,

sie flößen dennoch den Herzen
menschliche Wärme ein.

In dir ist die Stätte
für Halt für Besinnlichkeit,

in dir ist Raum für Ruhe,
Einkehr und Geborgenheit.

Wie viel hast du Suchern
in Not und Leid geholfen?

Wie viel hast du Menschen,
an manchen heißen Tagen
wie in kalten Nächten,

mit standhaften Armen
vermengt mit Erbarmen,
umarmt und geschützt?

Vor Mühsal getröstet,
vor Drangsal gehütet.

Bewahrt vor des Lebens
beklemmender Traurigkeit.

Du hast viele Menschen
gesehen und begleitet.

Weinend, lachend,
weilend und gehend.

Aus dieser Welt scheidend,
in deiner langen Zeit.

Was ist denn von ihnen
auf dieser Welt geblieben?

Von all ihren Mühen,
als sie im Leben weilten?

Außer der Nächstenliebe,
als derer Gedenken

und ihrer reinen, hehren,
guten Werke und Taten
sowie ihrer Menschlichkeit?

Die NANAS

Üppig, mollig, froh bemalt
tollen auf dem Leineufer,

mal darunter, mal darüber
Sommer, Winter, Tag und Nacht.

Sind sie etwa für uns Menschen,
die wir über sie nachdenken,
Symbole der Fruchtbarkeit?

Was würden sie von selber sagen,
wären sie imstande wohl?

Diese massiven Gestalten.
Oder doch von innen hohl?

Sind sie Hexen und entsprungen
kreischend der Walpurgisnacht?

Auf uns unsichtbaren Besen
treiben sie da ihr Unwesen,
spuken auf dem Ufermarkt?

Nun, wir,
über die ihr grübelt und staunt,
erwähnt, plaudert und meint,

hätten euch etwas gesagt,
wären wir dazu imstand.

Das, da alles, was ihr quakt
ist doch für uns allerhand!

Wir sind die Clowns froher Laune,
schwinget mit uns doch die Beine!

Hüpfet mit uns Huckekasten,
stehet da nicht wie die Masten!

Sauset zum Spaß um die Wette,
machet alle eine Kette!

Wirbelt herum in die Lüfte,
schwinget einmal eure Hüfte!

Wir sind doch die Rollschuhdamen,
laufen wir mit Leib und Seele.

Skateboard rollen, Schlittschuhlaufen,
mögen wir auch solche Spiele.

Nun egal, was diese Wesen,
welchen Rang sie auch besitzen,

bleiben uns doch liebe Spezies,
schöne, bunte Stadtkulisse.

Nun weiß jeder, was ich meine:
Es sind Nanas von der Leine.

Der Telemax

Er ragt überlegen hoch empor.
Standfest, weise, ernsthaft.

Das Nachrichtenrohr.
Er steht wie ein Rätsel von Riesengestalt.

Er ist einsam, geduldig,
wachsam, bestimmt,

autoritär, protzig,
ehrfürchtig, würdig,

stolz, stark, trutzig
und unheimlich sanft.

Er ist Wahrzeichen,
bei Tag und bei Nacht.

Nachts funkelt er meilenweit
und zeigt die Gestalt

von einem Riesenmast
eines Raumschiffes einer
außerirdischen Macht,

die eben leise gelandet
summend, zischend und tauchend
tief in Hannovers Nacht.

Mit Luken und Gesimsen
ist er reichlich versehen.

Wie Taubenschläge liegen,
sich harmonisch schmiegen

an dieser edlen Pracht.

Die Nachrichtentauben,
die ihre Pflichten tun,

ohne Murren, ohne Pausen
ohne schlafen, ohne ruhen.

Impulse einer Technik
mit weltweitem Ruhm,

sie spucken unermüdlich,
stetig, eifrig, ungestüm,

Bit und Byte unendlich
mit Anerkennung und Acht.

Distanz wahrend, strotzend
mit Wissen aller Art,

er hält die Welt in Händen
wie einheitliches Format.

Er kennt alle Sprachen,
die er stetig funkt.

Der Telemax ist wahrlich
ein Dreh- und Angelpunkt.

Er ist stetig wachsam,
wenn viele schlafen gehen.

Es wird von ihm erwartet,
allzeit bereit zu stehen.

Er wird niemals müde
und kennt keine Ruhe,

und gönnt sich keine Pause
im Tagesablauf.

Er ist Zauberkünstler
und macht die Ferne nah,

er führt die Menschen weiter,
zum Wohle und Gedeih

verbindet er die Menschen
miteinander gern

und rückt sie zusammen enger
von nah und fern.

Die vielen roten Augen,
die lugen in die Nacht,

sie starren an und warnen:
Bleibt fern von diesem Mast!

Der Maschsee

Behäbig driften da die Dünen
geduldig, langmütig, sanft,

er kann aber trutzig rauschen,
zürnen und plötzlich zeigen

die in ihm steckende Kraft.

Der Maschsee
mag ja klein erscheinen

und im Maßstab
unbeachtet bleiben.

Sicher, aber er verkörpert
etwas protzig

und großklotzig

die Glückssträhne
der ersehnten Urlaubsferne

in der weiten Küstenwelt.

Da gönnt man ihm aber gerne
seinen unterschwelligen Stolz.

Wer kann ihm ja das verdenken,
ohne Schweifen ohne Wanken,

dieses große Menschenwerk.

Seine ersten Tropfen waren
Schweiß und Blut und manche Tränen,

das muss man doch mal erwähnen.

Flossen, als ob sind sie da gewesen
ungeplante Opfergaben,

dienend diesem großen Zweck.

Die Arbeiter waren Scharen,
gruben ihn mit bloßen Händen.

Ohne Rücksicht auf Verluste,
schufen emsig Hannovers Küste.

Gegen alle Widrigkeiten,
Graupel, Regen, Wind und Schnee.

Darauf kann er stolz verweisen,
Hannovers guter, kleiner See.

Dort wogt er in Seelenruh,

an Maschpark und Stadtrathaus,
Hannovers liebes, flaches Nass,

zwischen Stadion und Rundfunkhaus
jeder findet Sport und Spaß.

Er kann zeigen viele Gesichter
bei Sturm, Regen, Licht und Eis.

Für jeden Geschmack etwas drunter,
jedes Wetter kalt und heiß.

Jeder findet seinen Trost,
wenn der Alltag drückt und stößt.

In und um ihn große Freude,
deshalb hat er viele Freunde.

Museum, Stadion, Spaziergänge,
Gaumenfreuden, Fahrradwege,
menschenfreundlich ohne Enge.

Segelhissen, Leistungssport,
Laufen, Paddeln und Tretboot.

Schiffrundfahrten runden das
breite, bunte Angebot.

Unerwartet auch den Sand
kannst du finden am Südrand.

An Sommertagen steigen öfter
Feuerwerkfeste, froh und munter.

Musikkonzerte, Wasserskilauf,
an Wintertagen, freu dich drauf,
breite Piste für Schlittschuhlauf.

Der Maschsee glänzt mit einem Sport,
wenn Mitbewerber im Motorboot
um die Wette flitzen dort.

Wenn das alles nicht genug
und du denkst, das sei Unfug,

ich bin schließlich Umweltfreund,
sage ich dir, sei getrost:

Fische tummeln putz und munter
in dem Wasser rauf und runter.

An den Ufern lauter Nischen,

lauter Ecken, lauter Plätze,
wo die Enten und die Gänse

ruhen, brüten und geborgen
sich mit Nachwuchs verkriechen.

EIN HERZ FÜR AUTOREN A HEART FOR AUTHORS À L'ÉCOUTE DES AUTEURS MIA KAPΔ
HJÄRTA FÖR FÖRFATTARE UN CORAZÓN POR LOS AUTORES YAZARLARIMIZA GÖNÜL V
AUTORE PER AUTORI ET HJERTE FOR FORFATTERE EEN HART VOOR SCHRIJVERS TEM
SZERZŐINKÉRT SERCE DLA AUTORÓW EIN HERZ FÜR AUTOREN A HEART FOR AUTHOI
ВСЕЙ ДУШОЙ К АВТОРАМ ETT HJÄRTA FÖR FÖRFATTARE Á LA ESCUCHA D
AUTEURS MIA KAPΔIA ΓIA ΣYГГPAΦEIΣ UN CUORE PER AUTORI ET HJERTE FOR FORFA

Der Autor

Fuad Muhammad Yusuf Ismail wurde 1947
in Palästina geboren. 1967 machte er dort
den Abschluss in Jenin. Seit 1972 lebt er in
Deutschland, hauptsächlich in Hannover, wo
er 1981 weitere Abschlüsse absolvierte: Den
Magister Artium in Politik, Geschichte und
Soziologie.
Er ist als selbstständiger Dolmetscher und
Übersetzer für Arabisch tätig. Im Zuge dessen
hat er auch mehrere Bücher in arabischer
Sprache verfasst, etwa „Die zeitgenössische
deutsche Wiedervereinigung 1990" oder „Die
Akronymen im Koran".
Der sprachbegabte Autor hat mit „Mondlose
Nächte oder der neue Muchtar (Erzählungen)"
auch bereits eine deutschsprachige
Veröffentlichung zu verbuchen.
Er ist verheiratet, hat zwei Kinder und zwei
Enkelkinder.

Der Verlag

*Wer aufhört
besser zu werden,
hat aufgehört
gut zu sein!*

Basierend auf diesem Motto ist es dem novum Verlag
ein Anliegen, neue Manuskripte aufzuspüren, zu ver-
öffentlichen und deren Autoren langfristig zu fördern.
Mittlerweile gilt der 1997 gegründete und mehrfach
prämierte Verlag als Spezialist für Neuautoren in
Deutschland, Österreich und der Schweiz.

**Für jedes neue Manuskript wird innerhalb
weniger Wochen eine kostenfreie, unverbind-
liche Lektorats-Prüfung erstellt.**

Weitere Informationen zum Verlag und
seinen Büchern finden Sie im Internet unter:

w w w . n o v u m v e r l a g . c o m

Zeitfracht Medien GmbH
Ferdinand-Jühlke-Straße 7
99095 Erfurt, Deutschland
produktsicherheit@kolibri360.de